Michael Hitzelberger

Herzgedanken

Herzgedanken

Gesammelte Gedichte

von

Michael Hitzelberger

Für Helen

Du bist meine größte Inspiration!

Impressum

Bibliografische Information der Deutschen Nationalbibliothek:
Die Deutsche Nationalbibliothek verzeichnet diese Publikation in der Deutschen Nationalbibliografie; detaillierte bibliografische Daten sind im Internet über http://dnb.dnb.de abrufbar.

Verlag: BoD · Books on Demand GmbH,
Überseering 33, 22297 Hamburg,
bod@bod.de

Druck: Libri Plureos GmbH, Friedensallee 273, 22763 Hamburg
ISBN: 978-3-7693-1649-0

Inhaltsverzeichnis

Natur(erlebnisse)

Natur

Leises Rauschen in den Wipfeln,
Wolken ballen sich an Gipfeln,
durch die Schleierwolken brechen
Sonnenstrahlen, in den Bächen
gurgeln sanft die kühlen Wellen,
darüber schwirren flink Libellen.

Grüne Farne, rote Beeren,
Eichen, Buchen, Koniferen,
Pilze bunt und formenfroh,
Vögel singen Tremolo.
Ein stolzer Hirsch schreitet vorbei –
erhebt sein mächtiges Geweih.

Welche Ruhe, welche Macht,
setz' die Schritte mit Bedacht,
denn du bist hier nur zu Gast!
Der Natur sind wir mehr Last
als Freund gewesen lange Zeit.
Drum üb' dich in Bescheidenheit!

Der Schöpfung Krone war'n wir nie,
so senk' dein Haupt und beug' das Knie,
vor Mutter Erde, die uns nährt,
vor dem Leben, das dich erfährt,
vor der Liebe, die uns führt –
zoll den Respekt, der ihnen gebührt.

Wintermärchen

Ich seh' noch einmal aus dem Fenster,
seh' die Berge schneebedeckt;
übern Schnee – so unbefleckt –
huschen glitzernde Gespenster.

Ich geh' noch einmal aus dem Haus
in das zauberhafte Land;
es ist nicht mehr wie ich's gekannt,
wie im Märchen sieht es aus.

Ich merkte nicht, wie es wurd' dunkel;
ich war versunken in Träume tief.
Überall herrlich Gefunkel,
am Horizont das Bergmassiv;
der Himmel schimmert rot dahinter –
Sonnenuntergang im Winter

Frühlingsgedicht

Von drauß' vom Felde komm ich her;
ich muss Euch sagen, es heuschnupft sehr!
Allüberall auf den Blütenspitzen
sah ich kleinste Pollen sitzen;
und droben aus dem Nasentor
sah schon leicht gereizt
die Schleimhaut hervor.
Und wie ich umherspazierte dann,
da rief's mich mit heller Stimme an:
"Oh Junge", rief es, "alter Gesell,
hebe die Beine und spute dich schnell!
Die Augen fangen zu brennen an,
das Schleusentor ist aufgetan,
Rotz und Schleim, die wollen laufen,
Geh schnell Taschentücher kaufen!
Doch denke dran, bei allen Beschwerden:
Es soll bald wieder Sommer werden!"

Der Mond

Der Mond vor meinem Fenster
vertreibt alle Gespenster
macht sie zunichte
mit seinem Lichte
die Dunkelheit begrenzt er.

Morgengrauen

Grau in Grau,
statt sonst so blau,
der Himmel heute sich mir zeigt,
die Nacht sich nun zum Ende neigt.

Meine Kälte neu erblüht,
statt dass sie eilend ferne flieht.
Ich fühle mich allein
und hülle mich mit Sehnsucht ein.

Das Selbst
in Zeit und Raum

Reise

Begib dich mit mir auf die Reise
sag Lebewohl und wünsch dir Glück,
denn wir tun's auf neue Weise
und es geht niemals zurück!

Immer vorwärts, immer weiter
immer höher - ohne Ziel.
Such dir Freunde und Mitstreiter -
allein erreichst du doch nicht viel.

Doch reist du nicht über Stock und Stein,
in die Weite, durch den Raum.
Du reist nach innen, tief hinein
in Geist, in Seele, Wunsch und Traum.

Egal wohin, wie weit du rennst,
die Sehnsucht deiner Seele stillst
du niemals, wenn du nicht erkennst,
was du wirklich, wirklich willst!

Entspannst du dich und sinkst du tief,
verschmilzt die Welt, alles wird eins
und du spürst ganz intensiv
die Vollkommenheit des Seins.

Eichendorffs Traum

Wenn ich meine Augen schließe,
ist's, als ob mein reger Geist,
meinen Körper rasch verließe,
rastlos durch die Lüfte reist'.

Wenn ich dann so für mich träume,
ist's, als ob mein inn'res Ich
durch des Universums Räume
einsam seine Kreise strich.

Erwach' ich dann ganz sanft und leise
nach dem Schlaf in meinem Bett,
ist's, als ob durch diese Reise
Seele sich geweitet hätt'.

Selbst-Zweifel

Hast du dich schonmal gefragt,
ob du wirklich selber denkst,
ob du wirklich, wie du meinst,
dein Tun und Lassen selber lenkst?

Hast du dich schonmal gefragt,
ob das nicht wer anderst tut,
die Naturgesetze, Gott
oder sogar dein Erbgut?

Hast du dich schonmal gefragt,
wer dich das dann grade fragt,
und warum er dann nicht gleich
auch die Antwort darauf sagt?

Hast du dich schonmal gefragt,
ob das einen Unterschied
macht, ob du selber denkst,
oder nur, dass es geschieht?

Sinn-Suche

Du sitzt einfach nur da
und träumst so vor dich hin,
und plötzlich spürst du nah
einen tiefen Sinn.

Du versuchst danach zu greifen,
um ihn richtig zu erfassen,
doch deine Gedankenhände versteifen,
müssen immer wieder lassen

Und es kocht der Ärger hoch,
eine tiefe Wut!
"Jetzt füge dich doch,
dann wäre alles gut!"

Und du fühlst, dass du denkst,
und du denkst, dass du fühlst,
dir das Hirn verrenkst,
in Gedanken wühlst.

Doch dann lässt du plötzlich los,
du lässt die Gedanken zieh'n,
lässt sie wie auf einem Floß
den Fluss der Zeit hinunter flieh'n.

Und es weitet sich der Himmel,
gibt das Leben für dich frei.
Du reitest auf ihm durchs Getümmel
an den Sorgen grad' vorbei.

Du lässt dich ganz einfach fallen
und lässt deine Seele fliegen.
Deine Gefühle verhallen,
deine Wut kommt zum Erliegen.

Und dann sitzt du so da,
ganz erschöpft von der Reise,
und dann spürst du ganz nah
den Sinn – auf deine Weise.

Sinn des Lebens

Suchst du den Sinn des Lebens,
so suchst du ihn vergebens,
suchst du ihn in der Welt,
in Ruhm und Ehr' und Geld.
Du findest ihn nur ganz allein
in deinem Streben, deinem Sein.

Ende

Der Häuser Türen sind verschlossen
und die Scheunen sind schon leer,
der Krüge Wasser ist vergossen
und ich seh' den Weg nicht mehr.

Der Länder Pflanzen sind verdorrt
und die Tiere gingen ein,
alle Menschen sind schon fort
und ich stehe hier allein.

Der Wolken Regen will nicht fallen
und die Teiche sind schon leer,
nur die Dünen seh' ich wallen
und ich spüre fast nichts mehr.

Untergang

Haltet ein, ihr wilden Fluten!
Wollt ihr mein Leib und Seel' verschlingen?
Eilig muss ich mich jetzt sputen;
flieh'n – ich kann euch nicht bezwingen!

Berge spucken, Wälder brennen,
als würd' die Hölle neu geboren.
Weiter muss ich, laufen, rennen.
Die Hoffnung hab' ich grad' verloren.

Gleich schon werd' ich übermannt,
die letzte Kraft hab ich vergeben.
Bilder, Träume – nie gekannt.
Tot bin ich – und doch am Leben.

Ach

Ach, ich könnte, ach ich würde,
wenn das Leben nicht so schwer,
wenn das Leben keine Bürde,
wenn das Leben nicht so wär!

Und ich könnte, wenn ich wollte,
wenn ich nur nicht immer müsste,
wenn ich nur nicht immer sollte,
wenn ich nur das WIE auch wüsste!

Wie, ich könne, wie, ich dürfe,
es brauche nur ein bißchen Mut,
es brauche keine großen Würfe,
es brauche nur, dass man es tut?

Und es klappe, und es ginge,
das Leben warte, dass man riefe,
das Leben warte, dass man springe,
dass man ihm entgegenliefe?

Wenn das, ach, wenn dem so ist,
probier ich's mal, vielleicht geht's gut,
probier ich's mal als Optimist,
und geh auf's Leben zu mit Mut.

Diese Zeiten

Diese Zeiten treiben dich,
locken und verleiten dich,
stets ein anderer zu sein.
Sie reizen dich, sie laden ein,
den tief in dir zu vergessen,
und ganz einfach nur stattdessen
so zu sein, wie jeder ist,
doch niemals wie du wirklich bist.

Still

Draußen prasselt stet'ger Regen,
trommelt gegen Fensterscheiben,
klopft auf Dächern, klatscht auf Wegen,
will uns sagen: "Drinnen bleiben!"

Drinnen kinstert's im Kamin,
knackt und knirscht der Feuerscheit,
brennt und züngelt's vor sich hin,
wohl'ge Wärme macht sich breit.

In mir ist es völlig still,
alle Stimmen in mir schweigen.
Jetzt kann ich denken, wie ich will:
mir selbst mein Eigentliches zeigen.

Herzen im Takt

Sind so kleine Hände

Sind so kleine Hände,
streckst sie nach mir aus.
Sind so kleine Finger,
machst ein Fäustchen draus.
Sind so kleine Füße,
stemmst sie kräftig auf.
Sind so kleine Zehen,
kleinste Nägel drauf.

Sind so kleine Körper,
Haut und Knochen nur.
Sind so kleine Köpfe,
dennoch ganz schön stur.
Sind so große Augen,
schwarz die Iris noch.
Sind so früh geboren,
starke Kämpfer doch.

Sind so viele Wochen,
kommt endlich nach Haus.
Sind so große Freuden,
ihr löst sie alle aus.
Sind so kleine Wesen,
nehmen dich doch ein.
Sind so große Gefühle,
will immer bei euch sein.

Nachtzug

Einsame Lichter ziehen vorbei,
die Nacht liegt auf mir, schwer wie Blei,
und es zieht und zerrt an mir,
trägt mich weiter fort von dir.

Denk an dich

Ich lieg' im Bett und denk an dich.
Ich dreh mich um, da bist du nicht.
Lieg' hier allein und sehne mich.
Ich fühle, ich vermisse dich!

Sitz' in der Bahn und denk an dich.
Ich schau' mich um, da bist du nicht.
Sitz' hier allein und sehne mich.
Ich fühle es, ich liebe dich!

Ich sitze hier und denk an dich.
Schau' in mich rein und finde dich.
Sitz' hier allein, doch spüre dich.
Ich fühle es: du liebst auch mich!

Morgen

Sollte diese Nacht
die allerletzte sein,
so stell' ich doch die Uhrzeit
an meinem Wecker ein,
richte Teller und Tassen
für das Frühstück her
und stelle ernüchtert fest,
die Milch ist wieder leer.

Sollte diese Nacht
die allerletzte sein,
geh' ich doch ins Bett,
roll' mich gemütlich ein
und denk mir schöne Namen
für unsere Kinder aus,
plane noch den Grundriss
für unser neues Haus.

Sollte diese Nacht
die allerletzte sein,
drehe ich mich um
und schlafe ruhig ein,
ich träume von der Zukunft
und mache mir keine Sorgen.
Dass du mich nicht mehr liebst,
erfahr' ich ja erst morgen!

Liebe

Egal wie fern, doch stets einander nah
und in jedem Augenblick füreinander da.

Sich blind verstehen, geben, nehmen,
sich nach einem fremden Körper sehnen.

Einander rätselhaft und doch bekannt,
zwei Seelen – verbunden durch ein Band.

Manchmal einsam, aber nie allein.
Stetiges Verlangen gemeinsam Eins zu sein.

Mensch(en)

Die Welt zu Gast bei Freunden

Deutsche Freunde, fremde Gäste,
wir laden ein zum Fußball-Feste.

Deutsche schmücken, Deutsche schminken
und ab und zu ein Bierchen trinken.

Deutsche bangen, Deutsche hoffen
und noch ein Bierchen wird gesoffen.

Deutsche jubeln, Deutsche taumeln
und die bunten Wimpel baumeln.

Deutsche tanzen, Deutsche feiern,
man sieht sie in die Hecken reihern.

Dunkel wandelnde Gestalten

Dunkel wandelnde Gestalten,
Die man allerorten findet,
Stündlich inhalieren sie,
Was sie antreibt, was sie bindet.

Dunkel wandelnde Gestalten,
Die der Verheißung einst erlegen,
Untoten gleich marschieren sie
Der nächsten Dosis stets entgegen.

Dunkel wandelnde Gestalten,
Die den Bann zu brechen trachten,
Große Pein verspüren sie,
Weil sie nach dem Mittel schmachten.

Fröhlich wandelnde Gestalten,
Die den Dämon rangen nieder,
Stets in Achtung leben sie,
Versuchung prüft sie immer wieder.

Im Bundestag

(Rondeau)

Im Bundestag, da sitzen sie;
mit ihrer tumben Ideologie
bilden sie sich auch noch ein,
des kleinen Mannes Retter zu sein.
Doch sind und werden sie es nie.

Seid auf der Hut, doch fürchtet sie
nicht! Unterschätzt sie dabei nie!
Geht auf ihre Spielchen ja nicht ein.
Im Bundestag.

Deckt auf die platte Idiotie:
Bekämpft sie mit einer Partie
Diskussion, dann brechen sie ein –
diskussionsfähig sind sie nur zum Schein.
Verteidigt so die Demokratie. Im Bundestag.

Brücken

Wir sollten viel mehr Brücken bauen,
über Klamm und Schlucht und Tal
Wir sollten viel mehr Brücken bauen,
ich sag' es gerne noch einmal.

Wir sollten öfter Brücken bauen,
über Streit und Differenzen.
Wir sollten öfter Brücken bauen
und fördern friedliche Tendenzen.

Wir sollten öfter vorwärts schauen
und nicht im Alten nur verharren.
Wir sollten öfter vorwärts schauen
und nicht in Angst und Schreck erstarren.

Wir sollten uns in Augen schauen
und offen, echt und ehrlich sein.
Wir sollten uns in Augen schauen
und lassen auf einander ein.

Wir sollten viel mehr Brücken bauen,
weil Brücken Täler überwinden.
Wir sollten viel mehr Brücken bauen
und so zueinander finden.

So lange

Solang der Mensch noch so verbleibt
und sein Leben sich vertreibt,
ist er viel zu oft allein,
um wirklich glücklich je zu sein.

Englische Gedichte

The emperor

The emperor sat down in pure exhaust.
The war was over, everything was lost:
His empire and rule was stricken down.
His lands and title taken, and his crown.

The warrior sat down in pure exhaust.
The war was over, everything was lost:
His house burnt down, his brothers fallen, and
his wife and children banished from their land.

The peasant fell and laid in pure exhaust.
The war was over, everything was lost:
Two fingers and the sight of his left eye,
his wife and children gone without goodbye.

The emperor sat down in pure exhaust.
The war was over, everything was lost.
And yet, he still had health, a home, his life,
all his children, and his royal wife.

Big D

A German boy came over
        and changed his beloved game.
Seeking game perfection,
        never longing fame.
21 years later
        he's one of the best
This sport has ever witnessed,
        but now it's time to rest.
He always stayed humble,
        it's his finest quirk.
Farewell Dunkin Deutschman,
        Big D, Diggler - Dirk!

World's Greatest

Another hero did just go:
The greatest left the stage.
He stays the king and idol thou
of boxing's golden age.

3-Wörter-Gedichte

Die Gedichte in diesem Abschnitt entstanden anhand von jeweils drei Wörtern, die als Inspiration und Aufgabe dienten, sie in einem möglichst kurzen und prägnanten Gedicht zusammenzubringen.
Die Wörter passen dabei augenscheinlich nicht immer gut zueinander.

Üblicherweise wird das in Gruppen – on- und offline – durchgeführt: Eine Person gibt die Wörter vor und die Gruppenteilnehmer stellen sich dann der Herausforderung, entsprechende Gedichte zu erstellen.

links, Spaghetti, Turnschuh

Das Leben mit ’ner Zwangsneurose:
Turnschuh nur zu Jogginghose,
dann erst den links, dann drei mal tippen,
dann den rechts, und drei mal wippen.
Beim Essen alles schön akkurat,
Spaghetti und Soße separat.
Bewahre, dass die sich berühren,
ich rede gar nicht von verrühren!
Anstrengend ist fast jede Chause
im Leben mit ’ner Zwangsneurose.

Raubtier, Zurückweisung, Steinfrucht

Bin zutiefst erschüttert:
Hab das Raubtier mit Steinfrucht gefüttert.
Dann muss ich eben
mit Zurückweisung leben!

Herausforderung, Höhenflug, Neuanfang

Kommt eine neue Herausforderung,
Dann nimmst du Anlauf, holst du Schwung.
Du setzt an zum Höhenflug –
Doch manchmal ist der nicht genug.
Wenn der Sprung über die Hürde nicht gelang,
versuch's mit einem Neuanfang!

Großblockständer, Biest, Elfriede

Elfriede, wenn du das hier liest,
lass uns was verrücktes tun.
Du bist die Schöne, ich das Biest,
Und so verhalten wir uns nun:

Wir hören seltsame Musik
und tragen wallende Gewänder,
wir essen Kaviar und Aspik
und malen Schwarz auf Großblockständer!

Theater, Banken, Melodie

Die immer gleiche Melodie:
"Die Banken gehen in die Knie,
drum müssen wir sie alle retten!
Als ob wir davon auch was hätten!

Siechtum, Reichtum, Brauchtum

Des Menschen Siechtum beizukommen
hat man so einiges vorgenommen:
Schröpfen mit erhitzten Tassen,
das gute alte Aderlassen,
Kräutermittel, Heiltinkturen,
Inhalationen, Wasserkuren.

Alles mehr Brauchtum denn Medizin.
das änderte sich durch Penicillin.
Dessen Entdecker hat auf Reichtum verzichtet
und sich kein Patent eingerichtet.
Welch eine noble, große Tat,
die er der Menschheit gegeben hat!

Brille, Zäpfchen, Banane

Brille verlegt, der Popo tut weh:
Weil, wenn ich so gar nix seh,
wird die Banane auch schon mal
als Zäpfchen eingeführt rektal.

Perlentaucher, Bach, Pirouette

Sie liebte ihn, den Perlentaucher,
doch musste sie es letztlich auch er-
leben, dass es aus dem Meer,
für ihn gab keine Wiederkehr.

Sie trug an dem Verlust sehr schwer
und konnte schließlich doch nicht mehr.
So stürzte sie mit Weh und Ach,
und Pirouette in den Bach.